I d e e n *Blitz*

Ingrid Biermann

HalloweenTage

Kleine Aktionen für den Kita-Alltag

HERDER

FREIBURG · BASEL · WIEN

Wenn es sie je gab, dann ist die Zeit längst vorbei, als wir in unserer Einrichtung die Sitten und Gebräuche anderer Länder draußen vor der Tür lassen konnten und es uns wenig interessierte, wie die Menschen in anderen Ländern dieses oder jenes Fest feiern. Nicht zuletzt durch die Aufnahme ausländischer Kinder sind wir verpflichtet, uns für diese Dinge zu interessieren und uns für andere Sitten und Gebräuche zu öffnen, damit eine Integration auf breiter Ebene stattfinden kann. Die Bedürfnisse der Kinder haben sich verändert und somit haben sich auch die Themen, die Fragen, die Bereiche, die Gebräuche und Feste, mit denen sich unsere Kinder befassen, erweitert. Damit Sie die Fragen der Kinder beantworten und ihr Bedürfnis nach Information stillen können, ist es wichtig, sich mit bislang fremden Sitten und Gebräuchen auseinander zu setzen. Einer dieser Bräuche, der in den letzten Jahren in unseren Breiten immer mehr an Beliebtheit gewonnen hat, ist das Fest Halloween. Vor mehr als 2000 Jahren feierten die Kelten im alten England mit diesem Fest am 31. Oktober Erntedank. Mit großen Feuern und gruseligen Masken verabschiedeten sie den Sommer, bedankten sich für die Ernte und gedachten der Seelen der Verstorbenen. Halloween, so wie es heute gefeiert wird, hat seinen Schwerpunkt auf der gruseligen Seite. So werden bei vielen Festen Vampire, Monster usw. thematisiert und dargestellt. Auch hier wird das Gruseln thematisiert, aber es wird spielerisch in Verse und andere Dinge verpackt, sodass das Gruseln sich von einer akzeptablen Seite zeigt und weniger von der mystischen, „monstermäßigen". Bei meinen Beschäftigungsvorschlägen dreht sich außerdem vieles um den Kürbis, da er das zentrale Symbol des Halloween-Festes ist. Ein Spiellied von den Kürbisgeistern, eine Klanggeschichte vom neugierigen Kürbis, ein Treffen zwischen dem Kürbis- und dem Gruselzwerg oder das Märchen vom Kürbiskönig sollen ein wenig das Gruselige nehmen und das Spaßige in den Vordergrund stellen.

Doch schauen, beobachten, hören, wägen Sie ab, dann können sie feststellen, ob dieses Thema für Ihre Kinder interessant ist und das Fest gefeiert werden sollte. Wollen Sie dieses Fest feiern und diesen Brauch auch in Ihrer Einrichtung pflegen, so können Ihnen meine Ideen bei der Gestaltung helfen. Aber auch hier gilt es, wie in allen meinen Büchern und Ideenblitzen, die Eigendynamik eines Themas sich entwickeln zu lassen. Es wächst erst durch die Fragen und Bedürfnisse der Kinder, durch Ihr eigenes Tun, durch Experimentieren, Handeln und Planen.

Ich wünsche Ihnen und Ihren Kindern spannende, spaßige und auch ein wenig gruselige Halloweentage.

Ingrid Biermann

Inhalt

Informationen zum Brauchtum rund um Halloween

Um ein besseres Verständnis für diesen Brauch zu bekommen, sollte man wissen, dass vor über 2000 Jahren bei den Kelten der Glaube herrschte, dass in der letzten Oktobernacht die verstorbenen Seelen umherspuken, um sich wieder auf der Erde und in den Häusern auszubreiten. Da dieser Gedanke den Menschen Angst machte, zogen sie verkleidet und maskiert durch die Straßen und veranstalteten möglichst viel Lärm. Das gruselige und teilweise sehr beängstigende Auftreten sollte die Seelen für immer vertreiben. Dieser vorchristliche Brauch verband sich mit dem christlichen Brauchtum, denn am 1. November feierten die Christen Allerheiligen. Die Nacht davor hieß „All Hallow's Eve", woraus Halloween wurde. Bis heute ziehen verkleidete Menschen (in erster Linie Kinder und Jugendliche) von Haus zu Haus und verlangen Süßigkeiten mit dem Spruch „Trick or treat?" (Streich oder Süßigkeit?). Bekommen sie keine Süßigkeiten, spielen sie den Hausbewohnern einen Streich.

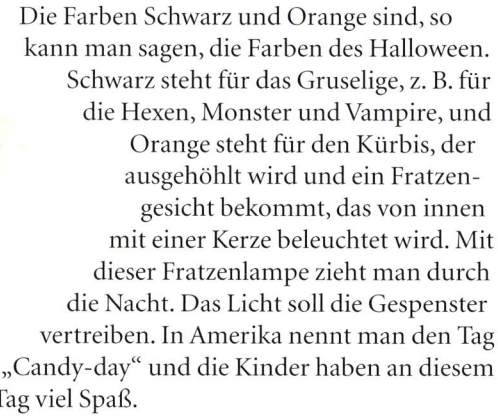

Die Farben Schwarz und Orange sind, so kann man sagen, die Farben des Halloween. Schwarz steht für das Gruselige, z. B. für die Hexen, Monster und Vampire, und Orange steht für den Kürbis, der ausgehöhlt wird und ein Fratzengesicht bekommt, das von innen mit einer Kerze beleuchtet wird. Mit dieser Fratzenlampe zieht man durch die Nacht. Das Licht soll die Gespenster vertreiben. In Amerika nennt man den Tag „Candy-day" und die Kinder haben an diesem Tag viel Spaß.

Das Märchen vom Kürbiskönig

Vorbereitung:

Der Raum, in dem das Märchen erzählt wird, kann mit vielen Lichtern in ein Märchenzimmer verwandelt werden. Vier oder fünf vorbereitete Kürbisköpfe, die ausgehöhlt und mit einem Fratzengesicht versehen wurden, stehen in der Raummitte auf einem grünen Tuch. Die Kinder sitzen auf Kissen. Dann werden die Kerzen in den Kürbisköpfen angezündet und die Erzieherin erzählt die folgende Geschichte.

In einem wunderschönen Schloss in einem tiefen Tal hinter einem großen Wald wohnt ein armer, ängstlicher König. Er ist so arm wie ein Bettler, denn er besitzt schon seit Jahren kein Geld mehr. Sein ganzes Hab und Gut hat er für Kürbisse ausgegeben. Aus denen haben seine Diener gruselige Köpfe geschnitzt und diese stehen nun in jedem Fenster, auf jedem Turm, auf jeder Mauer und um das ganze Schloss herum. Wie Wachmänner stehen sie dort und rühren sich nicht vom Fleck. Tag und Nacht brennen in den Kürbisköpfen Kerzen und so erleuchten nachts gruselige Gesichter das Schloss. Sofort wenn eine Kerze ausgebrannt ist, zünden die Diener eine neue an. Tag und Nacht sollen die Köpfe Wächter sein und den König vor den fremden, unheimlichen Gestalten, die in dem Tal und in dem großen Wald leben sollen, beschützen. Seit Jahren wird der König wegen seiner vielen Kürbiswächter „Kürbiskönig" genannt und seit Jahren ist niemand mehr bei ihm zu Besuch gewesen. Der Kürbiskönig lässt niemanden zu sich herein und geht auch zu niemandem. Er führt ein sehr trauriges und einsames Leben. Eines Nachts reitet ein Fremder durch den Wald und durch das Tal und hält verwundert an, als er in der Ferne das gruselig beleuchtete Schloss sieht. Doch da er seit Tagen unterwegs und müde und hungrig ist, will er versuchen, hier eine Unterkunft zu bekommen. Forsch reitet er weiter und kommt dem gruselig beleuchtetem Schloss immer näher.

Endlich hat er sein Ziel erreicht. Er klopft an die eiserne Tür,
doch niemand macht ihm auf. Der Fremde geht um das
Schloss herum. Doch außer den gruseligen Kürbisköpfen
sieht er niemanden. „Ein merkwürdiges Schloss", sagt er leise, „nirgendwo ist jemand zu hören oder zu sehen." Da er
sehr müde ist und nicht weiterreiten möchte, klopft er so laut
und so fest an die Schlosstür, dass nun doch jemand ein kleines Fenster in dieser Tür öffnet. „Was willst du Fremder?",
fragt ein Diener. „Ich bitte um Einlass", sagt der Fremde. „Ich
bin hungrig und durstig und sehr müde. Ich bin seit vielen
Tagen unterwegs und brauche nun etwas Schlaf." „Wir können dich nicht hereinlassen", sagt der Diener. „Der König lässt
schon seit Jahren niemanden zu sich, denn er hat furchtbare
Angst." „Wovor?", fragt der Fremde. „Vor gruseligen Gestalten, die hier unten im Tal und in dem Wald leben sollen. Die
Kürbisgesichter sind die Wächter des Schlosses. Sie sollen die
gruseligen Gestalten verjagen." Der Fremde lacht und sagt:
„Ich reite seit Tagen durch das Tal und durch den Wald. Ich
habe außer ein paar Hasen niemanden gesehen. Gruselige
Gestalten gibt es dort nicht. Euer König braucht keine Angst
zu haben. Lasst mich ein. Ich werde es ihm erzählen und ich
werde ihm die Angst nehmen." Der Diener lässt sich schließlich überreden und führt den Fremden zum König. Noch bevor dieser schimpfen kann, sagt der Fremde: „Gütiger König!
Ich weiß von deiner Angst. Aber die brauchst du nicht zu haben. Ich reite schon seit Tagen durch den Wald und durch
das Tal. Ich kenne jede Ecke und jeden Winkel und habe
außer ein paar Hasen niemanden in dem Wald und in dem
Tal gesehen. Meine Augen sind gut und ich hätte bestimmt
die gruseligen Gestalten entdeckt. Reite morgen mit mir mit.
Ich werde es dir beweisen, dass dort nichts Gruseliges her-
umläuft."

Der König lässt sich überreden und am nächsten Morgen, als die Sonne aufgeht, reitet der Fremde mit ihm durch den Wald und das Tal. Sie bleiben so lange fort, dass die Diener sich schon Sorgen machen. Der Fremde kann den König tatsächlich überzeugen, dass sich niemand, vor dem er Angst haben muss, hier in seinem Wald und in seinem Tal aufhält. Da verliert der König seine Angst und ist sehr froh darüber. Als es dunkel wird, machen die zwei sich auf den Weg zurück ins Schloss. Zum ersten Mal sieht nun der König sein beleuchtetes Schloss von außen. Er lacht und sagt zu dem Fremden: „Ich bin erstaunt, dass du dich zu mir getraut hast. Mein Schloss sieht so gruselig aus, dass man Angst bekommen könnte." Als sie wieder am Schloss sind, bedankt sich der Kürbiskönig bei dem Fremden und zur Belohnung veranstaltet er ein großes Kürbisfest. Alle Bewohner aus dem nahe gelegenen Dorf werden dazu eingeladen. Die Ernte in diesem Jahr war besonders gut und es werden die ganze Nacht Kürbisgerichte gegessen und viel getrunken. Von nun an brennen in den Kürbisköpfen nicht mehr Tag und Nacht die Kerzen und das Schlosstor steht für alle Fremden offen. Und einmal im Jahr wird zur Erinnerung an vergangene Zeiten ein großes Kürbisfest von allen Dorfbewohnern und Fremden gefeiert.

Auswertung:

Mit Bausteinen, verschiedenen Naturmaterialien und anderen Baumaterialien kann in der Kreismitte gemeinsam ein Schloss errichtet werden. Kürbisköpfe werden als Wächter dazugestellt und die Kinder können so die gruselige Atmosphäre aus dem Märchen nacherleben.

Grusel, grusel, welch ein Graus

Material:

ein Korb mit Gegenständen, mit denen klirrende, knackende, knisternde Gruselgeräusche erzeugt werden können, z. B. Blechdosen, Alufolie, Pergamentpapier, Ketten, Schlüsselbund, Schmirgelpapier, Nägel usw., eine kleine Lampe

Einstieg:

Der Raum ist verdunkelt und wird nur durch eine Lampe erhellt. Der Korb mit den Geräuschmaterialien wird in die Mitte gestellt. Die Kinder können mit diesen hantieren und experimentieren. In einem Gespräch wird die Wirkung von Geräuschen auf die Fantasie und die Gefühle thematisiert. Nun kann die Erzieherin den Kindern anbieten, die Geräusche bei Kerzenschein zu erleben, um festzustellen, ob sie dann eine andere Wirkung haben. Das Licht wird ausgeschaltet, eine brennende Kerze wird in die Mitte gestellt. Nachdem die Kinder erneut Geräusche erzeugt und ein Gespräch darüber geführt haben, kann sich jedes Kind ein Material aussuchen, mit dem es nun Gruselgeräusche erzeugen möchte. Sind alle Kinder mutig, so kann nun auch das Kerzenlicht gelöscht und die Geräusche in der Dunkelheit erzeugt werden.

Danach erzählt die Erzieherin bei Kerzenschein mit viel Mimik und Gestik den Vers. Die Kinder können dazu an den passenden Stellen Geräusche erzeugen.

Grusel, grusel, welch ein Graus,
Geräusche hör ich aus dem Haus.
Es knackt und knistert, zischt und knallt,
ein dunkles Stöhnen laut erschallt.

Grusel, grusel, welch ein Graus,
Schatten seh ich vor dem Haus.
Sie schleichen, grapschen, packen zu,
vor der Tür gibt's keine Ruh.

Grusel, grusel, welch ein Graus,
Fratzen seh ich vor dem Haus.
Sie schauen böse, ja und dann
fangen sie zu schreien an.

Grusel, grusel, welch ein Graus,
nichts mehr seh ich vor dem Haus.
Hell erstrahlt das Tageslicht,
Gruselgeister seh ich nicht.

Auswertung:

Nach diesem Vers kann über das Gruseln gesprochen werden. Neben Geräuschen können auch gruselige Bewegungen und Fratzen ausprobiert werden. Auch manche Spiele können gruselig sein, zum Beispiel Fangen im Dunkeln oder wenn man sich im Dunkeln mit einem weichen Gegenstand (Feder; Wollfaden) berührt.

Zehn kleine Kürbiszwerge

Material: Tortenplatten aus Pappe, organgefarbene Wachsmalstifte, Schere, Bleistift, grüne dicke Wolle, Locher, Klebstoff

Vorbereitung: Auf die Tortenplatte wird eine Fratze gemalt und ausgeschnitten. Nun kann die Pappe von beiden Seiten mit dem orangefarbenen Wachsmalstift angemalt werden. Ein paar grüne Wollfäden werden oben am Kürbis festgeklebt. Links und rechts am Pappkürbisgesicht wird ein Loch gestanzt, sodass es wie eine Maske mit einem Wollfaden umgebunden werden kann, während die Kinder das Kürbiszwergelied singen und das Maskentheater aufführen.

10 kleine Kürbiszwerge
Melodie: (Zehn kleine Negerlein)

10 kleine Kürbiszwerge schleichen durch die Nacht,
sie sind ganz still, sie sind ganz still und geben sehr gut Acht.

(Durch den Raum schleichen, hin und her schauen.)

10 kleine Kürbiszwerge wollen Geister sein,
sie sind ganz still, sie sind ganz still und machen sich ganz
klein.

(In die Hocke gehen.)

10 kleine Kürbiszwerge tanzen hin und her,
sie sind ganz still, sie sind ganz still, man hört sie gar nicht
mehr.

(Hin und her tanzen, dann wieder in die Hocke gehen und
ganz still sein.)

10 kleine Kürbiszwerge poltern laut herum,
dann sind sie still, dann sind sie ganz still und fallen plötzlich
um.

(Poltern und anschließend auf den Boden fallen.)

10 kleine Kürbiszwerge laufen schnell nach Haus,
sie sind ganz still, sie sind ganz still und ruhen sich dort aus.

(Durch den Raum laufen, hinhocken und in Ruheposition
gehen.)

Im Garten von Herrn Pilz

Vorbereitung:

Die Erzieherin verteilt an die Kinder Gurken, Möhren, Tomaten, Radieschen, Kürbisse und einen Pilz (oder alternativ
Bilderkärtchen, auf denen diese Dinge zu sehen sind). Sie
erklärt den Kindern, dass sie nun dieses Gemüse darstellen.
Immer, wenn in der Geschichte eine Gemüseart genannt
wird, stehen die entsprechenden Kinder kurz auf und setzen
sich dann sofort wieder.

Im Garten von Herrn Pilz wachsen jetzt im Herbst nicht
nur wunderschöne Gurken, Radieschen, Möhren und Tomaten, sondern auch große und kleine Kürbisse. Es ist Ernte-
zeit und seit Tagen erntet Herr Pilz die Gurken, Tomaten,
Möhren und Radieschen und macht daraus die köstlichsten
Gerichte. Die Kürbisse aber, die lässt er stehen. Sie wachsen
und wachsen, werden dicker und dicker, aber nicht geerntet.
Warum das so ist, das wissen die Kürbisse auch nicht. Sie
wundern sich nur und ärgern sich, dass Herr Pilz täglich
Gurken, Tomaten, Radieschen und Möhren aus seinem
Garten holt und an den Kürbissen vorbeigeht. Eines Nachts
beschließen sie, Herrn Pilz einen Streich zu spielen. Als es
Mitternacht ist und in dem Garten die Gurken, Tomaten,
Radieschen und Möhren schlafen, stecken die großen und
kleinen, dicken und dünnen Kürbisse die Köpfe zusammen
und überlegen sich, wie sie Herrn Pilz ärgern können. Man
hört sie flüstern und kichern, wispern und schmunzeln und
nach einiger Zeit schleichen sie hintereinander über den
Gartenweg auf das Haus zu. Ganz leise verstecken die Kürbisse nun die Mülltonne und Blumentöpfe, stellen Garten-
stühle und Hocker mitten auf den Gartenweg und hängen
den Gartenschlauch in den Apfelbaum. Das geht alles ganz,

ganz leise. Niemand bekommt davon etwas mit, auch nicht die Radieschen, Möhren, Gurken und Tomaten. Als die Kürbisse ihre Streiche ausgeführt haben, setzen sie sich auf die Schlafzimmerfensterbank von Herrn Pilz und beobachten ihn im Schlaf. Der Mond leuchtet sie an und die kleinen Kürbisse sehen aus wie Gespenstergesichter. Sie schauen sich an und müssen über sich selbst lachen. Die Kürbisse lachen aber so laut, dass Herr Pilz wach wird, zum Fenster schaut und aufschreit. Vor Schreck fällt er aus dem Bett, denn er glaubt, Gespenster an seinem Fenster zu sehen. Auch die Kürbisse bekommen von dem Schrei einen Schreck und laufen, so schnell es geht, über den Gartenweg zurück auf ihre Plätze. Kaum sind sie dort, kommt auch schon Herr Pilz aus dem Haus gestürzt. Aufgeregt rennt er in den Garten, um die Gespenster zu suchen. Dabei stolpert er über die Stühle und Hocker. Doch so sehr er sich auch bemüht, nirgendwo kann er Gespenster entdecken. In seinem Garten ist es still.
Am nächsten Morgen wundert sich Herr Pilz. In seinem Garten ist alles verstellt und er sucht verzweifelt den Gartenschlauch, kann ihn aber nicht finden. „Waren heute Nacht vielleicht doch Gespenster in meinem Garten?", fragt er leise und erntet dann wie immer Gurken, Möhren, Radieschen, Tomaten und jetzt auch Kürbisse. Als er die Kürbisse betrachtet, wundert er sich und sagt: „Komisch, die Kürbisse sehen genauso aus wie die Gespenster, die ich heute Nacht vor meinem Fenster gesehen habe." Herr Pilz schüttelt den Kopf und legt die Kürbisse zu den Möhren, Gurken, Tomaten und Radieschen in den Korb. Die Kürbisse aber kichern so leise, dass es nur die Kürbisse hören können, und wer die Gespenster waren, das wird Herr Pilz niemals erfahren.

Hinweis:

Diese Geschichte kann auch mit wenig Utensilien in ein kleines Theaterstück umgewandelt werden. In schummeriger Atmosphäre wirkt es bestimmt schön gruselig.

Ja, Halloween, das Gruselfest

Melodie: Jörg Schnieder
Text: Ingrid Biermann

Heut Nacht mach ich kein Au-ge zu,— heut Nacht, da find ich kei-ne Ruh,— es knis-tert laut, es knackt und knallt,— Ge-spens-ter kom-men aus dem Wald. Ja, Hal-lo-ween, das Gru-sel-fest, uns heu-te al - le gru-seln lässt. Und ü-ber-all, da sieht man Lich-ter und auch glü-hen-de Ge-sich-ter.

1. Heut Nacht mach ich kein Auge zu,
heut Nacht, da find ich keine Ruh,
es knistert laut, es knackt und knallt,
Gespenster kommen aus dem Wald.

Refrain:

Ja, Halloween, das Gruselfest
uns heute alle gruseln lässt.
Ja, überall, da sieht man Lichter
und auch glühende Gesichter.

2. Heut Nacht, da kann ein jeder sehn,
Gespenster durch die Straßen gehn,
sie kreischen, schreien, ja und dann
fangen sie wild zu tanzen an.

Refrain:

Ja, Halloween …

3. Heut Nacht, ja, da schläft niemand ein,
ein jeder will Gespenst jetzt sein.
Ganz schwarz gekleidet und geschminkt,
jedes Gespenst ein Lied dann singt.

Refrain:

Ja, Halloween …

4. Doch ist die wilde Nacht vorbei,
dann hört man nicht mehr das Geschrei.
Denn die Gespenster gehn nach Haus,
für sie ist dieses Fest nun aus.

Refrain:

Ja, Halloween …

Hinweis:

Mit klirrenden Gegenständen kann dieses Lied begleitet und
getanzt werden. Da zu einem richtigen Halloweenfest auch
ein Umzug gehört, kann dieser mit diesem Lied begleitet
werden.

Kürbiszwerg
trifft Gruselzwerg

Vorbereitung:

Ein Kind wird orange geschminkt und bekommt einen orangenfarbenen Umhang. Vielleicht können auch die Haare orangefarben angesprüht und andere orangefarbige Kleidungsstücke angezogen werden. Ein anderes Kind wird schwarz angezogen, bekommt einen schwarzen Umhang und ein Gruselgesicht. Aus einem großen Stück Karton oder brauner Pappe werden zwei große Berge geschnitten und an je einer Stehleiter befestigt. Sie stellen die Höhlen der beiden Zwerge dar und stehen mitten auf der Spielfläche.

Kürbiskind kniet hinter der Leiter.

In einer Höhle in dem Berg,
da wohnt ein kleiner Kürbiszwerg.

Das Kind kommt hinter dem Berg hervor, springt, hüpft, läuft um den Berg herum usw.

Tagaus, tagein macht er nur Sachen,
die ihn so richtig fröhlich machen.

Kürbiskind steigt die Leiter hoch.

Täglich klettert dieser Zwerg
bis auf die Spitze von dem Berg.

Hand vor die Stirn halten, hin und her schauen, auf die oberste Stufe setzen, absteigen.

Schaut ins Tal, ruht sich dann aus,
bevor er geht zurück nach Haus.

Kürbiskind lauscht.

Plötzlich hört der Kürbiszwerg
drüben aus dem andern Berg

Gruselkind sitzt hinter seinem Berg und macht die entsprechenden Geräusche.

Stöhnen, Kreischen, lautes Husten,
Zischen, Poltern und auch Pusten.

Gruselkind kommt hinter dem Berg hervor.	Dann kommt gebückt aus diesem Berg ein ganz schwarzer Gruselzwerg.
Aufstampfen und grimmig schauen.	Zottelig, so ist sein Haar, schwarz und gruslig steht er da.
Beide Kinder gehen aufeinander zu.	Der Kürbis- und der Gruselzwerg treffen sich beide vor dem Berg.
Laut kreischen.	Der Gruselzwerg, er schreit ganz schrill, weil er den andern erschrecken will.
Kürbiskind stellt sich mutig vor den Gruselzwerg.	Der Kürbiszwerg bleibt mutig stehn, das kann der andre nicht verstehn.
Gruselkind agiert entsprechend. Kürbiskind stellt sich breit und fest vor den Gruselzwerg. Der Kürbiszwerg schreit laut.	Er zieht Fratzen, brüllt und schreit, der Kürbiszwerg, er macht sich breit.
	Er schreit, und unser Gruselzwerg rennt vor Schreck in seinen Berg.
Gruselzwerg versteckt sich in seinem Berg. Kürbiskind geht in seinen Berg.	Dort kommt er heut nicht mehr heraus, der Kürbiszwerg geht stolz nach Haus.

Gruselige und spaßige Spiele für einen Halloweentag

Hinweis:

Diese Spiele sollten in einem leer stehenden, auswischbaren und verdunkelungsfähigen Raum gespielt werden, denn gruselige Wesen brauchen Platz, schmieren manchmal herum und halten sich gern im Dunkeln auf.

Der Gruselweg

Material:

zwei Besenstiele, zwei Augenbinden, zwei lange Folien, Tapetenkleister, nasser Sand, Schmierseife, Kies, Stroh, Gras etc.

Spielablauf:

Zwei Gruppen mit je zwei Mitspielern werden gebildet. Sie gehen vor die Tür und ziehen sich Schuhe und Strümpfe aus. Einem Kind pro Gruppe werden vor der Tür die Augen verbunden und es hält sich an dem Besenstiel fest. Das andere fasst den Besenstiel am anderen Ende an. In der Zwischenzeit legen die anderen Kinder zwei parallele Gruselwege mit dem genannten Material. Nun kommen die Kinder zurück in die Gruppe und der Führer führt das „blinde" Kind sicher über den Gruselweg nach Hause. Die andern Kinder begleiten den Weg der beiden Spielergruppen mit gruseligen Geräuschen wie zischen, brummen, schreien, fauchen usw. Am Ziel nennt jedes blinde Kind die Dinge, über die es glaubt gelaufen zu sein. Erst dann nimmt es die Augenbinde ab. Wer war zuerst am Ziel und hat alle Dinge vom Gruselweg nennen können?

Im Gruselwald

Material: eine Augenbinde, eine Pfeife

Spielablauf: Einem mutigen Kind werden die Augen verbunden und es muss durch einen Gruselwald gehen, um nach Hause zu kommen. Die anderen Kinder stehen als Bäume des Gruselwaldes mit ausgestreckten Armen im Raum. Ein weiteres Kind auf der gegenüberliegenden Raumseite pfeift leise. Das mutige Kind muss nun losgehen und dem Pfeifton folgen, um nach Hause zu gelangen. Doch in dem Wald sind auch Gruselgeister, dargestellt von ein paar weiteren Kindern, die sich ebenfalls im Raum verteilen. Sie stellen sich dem Kind in den Weg, das mit den verbundenen Augen durch den Wald geht und dem Pfeifton folgt. Kommt es in die Nähe eines Gruselgeistes, so schreit, knurrt, brüllt, zischt oder brummt dieser laut und versucht, das mutige Kind zu erschrecken. Kommt das Kind zum Ziel oder bricht es den Weg ab? Wenn es das Spiel beenden will, nimmt es einfach die Augenbinde ab.

Die gruselige Tastreise

Material: Glitschiges und Gruseliges, z. B. ein nasser Schwamm, ein mit warmem Wasser gefüllter Luftballon, ein seifiger Waschlappen, ein Topfkratzer, ein mit Sand gefüllter Gummihandschuh usw.

Spielablauf: Die Kinder stehen nebeneinander Schulter an Schulter und bilden eine enge Mauer. Sie halten ihre Hände auf den Rücken. Nun wird einer der „ekligen" Gegenstände dem ersten Kind in die Hand gegeben und von einem zum anderen weitergereicht. Die Kinder behalten das Erfühlte als Geheimnis noch für sich, dürfen aber zwischendurch durch „Iiii", „Äää", „Uuu" das Fühlen für die andern noch spannender machen. Ist das Teil beim letzten Kind angekommen, dann nennen alle auf ein Kommando das Erfühlte. Was dabei wohl herauskommt? Nach und nach tritt so ein Gegenstand die gruselige Tastreise an.

Kürbisse kegeln

Material: vier leere Dosen, vier Tennisbälle, Ball

Spielablauf: Die vier leeren Dosen werden mit etwas Abstand nebeneinander aufgestellt. Auf die Dosen werden als Kürbisse die Tennisbälle gelegt. Nun hat jedes Kind vier Versuche und soll die Tennisbälle mit einem Ball von den Dosen schießen bzw. die Dosen umschießen. Je nach Wurfabstand zu den Dosen und Größe des Wurfballs kann das Spiel schwieriger oder leichter umgesetzt werden.

Kürbiswettrollen

Spielablauf: Es werden Gruppen mit je zwei Kindern gebildet. Immer zwei der Gruppen treten beim Kürbiswettrollen gegeneinander an. Ein Kind legt sich auf den Boden. Es stellt einen Kürbis dar. Sein Partner rollt es zum Ziel am anderen Ende des Raums. Dort werden die Rollen getauscht. Welche Gruppe ist als Erste wieder am Ausgangspunkt angelangt? Nun können neue Paare gebildet werden.

Kürbisernte

Material: 12 Gymnastikbälle, zwei Schubkarren, zwei Eimer

Spielablauf: Die Bälle liegen als Kürbisse im Raum verteilt. Zwei Kinder sind die Kürbisbauern, die ihre Kürbisse ernten wollen. Auf ein Kommando fährt jedes Kind mit seiner Schubkarre los und belädt ihn mit einem Kürbis. Es darf immer nur ein Kürbis in die Schubkarre gelegt werden, dann muss das Kind zum Startpunkt zurück und den Kürbis ausladen. Wenn alle 12 Kürbisse eingesammelt sind, müssen sie von einem Wurfpunkt aus in einen Eimer geworfen werden. Die Kürbisse, die daneben geworfen werden, werden nicht mitgezählt. Für jeden Kürbis, den ein Kind in seinen Eimer wirft, bekommt es einen Punkt. Zum Schluss hat das Kind gesiegt, das am meisten Kürbisse in den Eimer geworfen hat.

Gruselgespenst jagen

Material: für jedes Kind eine Taschenlampe, ein Stück blaues Transparentpapier

Spielablauf: Jedes Kind bekommt eine Taschelampe. Das Glas einer Taschenlampe wird mit dem Transparentpapier überzogen, sodass diese Lampe ein bläuliches Licht ausstrahlt. In einem verdunkelten Raum lassen die Kinder nun die Lichtkegel tanzen. Das bläuliche Licht stellt das Gruselgespenst dar und die anderen Kinder versuchen, mit ihrem Licht das Gruselgespenst zu jagen bzw. zu fangen. Gelingt es einem Lichtkegel, den blauen Lichtkreis zu berühren, werden die Taschenlampen getauscht und die Jagd beginnt von neuem.

Das tanzende Kürbislicht

Material: eine Kürbislaterne, gruselige Musik

Spielablauf: Die Musik wird gespielt und alle Kinder stellen Gruselwesen dar, die in einem verdunkelten Raum nach der Musik tanzen. Sie können dabei die gruseligsten Geräusche machen, etwa kreischen, ächzen und kichern. Beim Tanzen wird die Kürbislaterne herumgereicht. Zwischendurch wird plötzlich die Musik abgestellt. Das Kind, welches das Kürbislicht in der Hand hat, wird für immer versteinert und muss nun ganz still stehen bleiben. Wer zum Schluss übrig bleibt, hat Glück. Er darf mit dem Licht zu jedem gehen, ihn berühren und ihn so wieder entzaubern.

Hansi, das kleine Gespenst

Material:

ein Weidenkorb, für je zwei Kinder ein Bierdeckel, ein Seidentuch, ein Noppenball, ein Gymnastikball und eine Decke

Raumvorbereitung:

Der Raum ist etwas verdunkelt, warm und mit Kerzen oder Kürbislaternen geschmückt. Für jedes Paar liegt eine Decke auf dem Boden und das übrige Material liegt griffbereit in einem Weidenkorb.

Einstieg:

Zunächst erzählt die Erzieherin den Kindern die folgende Geschichte. In einer Experimentierphase werden anschließend Bewegungen und Geräusche aus der Geschichte dargestellt. Danach wird das Material den Aktionen in der Geschichte zugeordnet und die Geschichte als Körperspielgeschichte umgesetzt. Dabei finden sich die Kinder zu zweit zusammen. Eines legt sich auf den Bauch, das andere setzt die beschriebenen Aktionen mit dem jeweiligen Material auf dem Rücken des liegenden Kindes um.

Es ist ein windiger Herbsttag (mit dem Bierdeckel wedeln) und Hansi, das kleine Gespenst, muss sich noch seinen Wintervorrat zusammensuchen. Alle seine Geschwister haben das schon gemacht, nur er nicht. Es wird also höchste Zeit. Hansi schwingt sich zur Tür (mit einem Tuch wedeln) und steckt seinen Kopf nach draußen. Ein kalter Wind weht ihm um die Nase (mit dem Bierdeckel wedeln) und er fliegt ins warme Haus zurück (mit dem Tuch schwingen). Dort sucht er sich einen Platz, setzt sich und traut sich gar nicht hinaus. (Das Tuch möglichst auf eine unbedeckte Körperstelle oder den Kopf legen und dort liegen lassen.) Doch dann denkt er wieder an den Winter und daran, dass er noch keinen Wintervorrat hat. Also macht er sich jetzt doch auf den Weg. (Das Tuch über den Rücken führen.) Vorsichtig macht Hansi die Tür auf und steckt erneut den Kopf nach draußen. Zum Glück hat der Wind nachgelassen und er fliegt los. (Das Tuch über den ganzen Körper führen.) Schon nach ein paar Metern kreuzt ein Igel seinen Weg. Um ihn nicht zu erschrecken, setzt Hansi sich auf einen Stein und schaut dem Igel zu. (Das Tuch auf den Kopf legen und mit einem Noppenball über den Rücken rollen.) Nachdem der Igel unter einem Blätterberg verschwunden ist (Ball wegnehmen), fliegt Hansi weiter (das Tuch über den Rücken führen). Ganz leicht fängt es an zu regnen (mit den Fingern über der Rücken laufen), doch das macht einem kleinen Gespenst nichts aus und Hansi fliegt weiter (leicht mit dem Tuch über den Rücken gehen). Der Wind wird nun wieder stärker (mit dem Bierdeckel wedeln). Vor sich entdeckt Hansi einen Apfelbaum mit wunderschönen Äpfeln. „Das ist genau der richtige Wintervorrat für ein Gespenst", flüstert Hansi. Der Wind hilft ihm und schüttelt ganz viele Äpfel vom Baum (mit der Faust hier und da leicht auf den Rücken klopfen). Hansi hebt sie auf (mit den Händen die Äpfel vom Rücken nehmen), steckt sie in die großen Taschen seines Gespensterkleides und fliegt, so schnell es geht, nach Hause (mit dem Tuch über den Rücken gehen). Der wilde Herbstwind begleitet ihn (mit dem Bierdeckel wedeln) und Hansi friert. Plötzlich sieht er unter sich ein Kürbisfeld. Er denkt an das Halloweenfest, das sie morgen feiern wollen und daran, dass er noch keinen Kürbis für eine Laterne hat. Hansi fliegt zum Feld und sucht sich den dicksten Kürbis aus. Doch der ist so schwer, dass er ihn nach Hause rollen muss (Ball über den Rücken rollen). Es ist ein schweres Stück Arbeit, aber dann hat er es geschafft. Hansi hat alles erledigt. Er hat genug Äpfel für den Winter und einen Kürbis für das Halloweenfest. „Nun kann es Winter werden", sagt er, schließt die Fensterläden (Handkanten auf den Rücken legen und zusammenführen) und schläft ein.

Die Gemüsehexe Zwick

Material: eine Auswahl an Orff-Instrumenten und Geräuschmaterialien aus dem Alltag

**Vorschläge für die
Klangmaterialien:**   Stampfen, Gehen, Schlurfen der Hexe Zwack = Handtrommel,
Wind = Tamburin und Besen,
Regen = Rasseln,
das Ausgraben der Kürbisse = Holzblock,
Sterne = Triangel,
viele Hexen = Klangstäbe,
Hexe Zwick = kleines Tamburin,
Topfdeckel, Dosen mit Linsen, Löffel, Töpfe, Schneebesen usw.

Es sollte möglichst eine große Auswahl an Klangmaterialien
vorhanden sein, damit die Kinder frei experimentieren und
wählen können.

Zusätzliches Material: verschiedene, in kleine Stücke geschnittene Gemüsesorten
wie Möhren, Kohlrabi, Gurke, Tomaten usw. und ganzes
Gemüse

Einstieg: Die Erzieherin beginnt mit einem Sinnesspiel. Die Kinder er-
fühlen und erriechen mit geschlossenen Augen die verschiedenen Gemüsesorten, außerdem können sie sie erschme-
cken, indem sie kleine Stückchen zum Kosten bekommen.
In einem Gespräch wird thematisiert, wo es dieses Gemüse
zu kaufen gibt, was man daraus macht usw. Danach lädt die
Erzieherin die Kinder zu dieser Marktgeschichte ein.

Vorgeschichte ohne
Verklanglichung:

Die Gemüsehexe Zwick hat im Herbst eine Menge zu tun. Mit den anderen Hexen ist sie Tag und Nacht auf dem Feld, um die vielen verschiedenen Kohlsorten, die Salate und auch die Kürbisse zu ernten. Sie verkauft ihr Gemüse auf dem Hexenmarkt. Das Gemüse der Gemüsehexe Zwick ist sehr beliebt, weil es knackig und frisch ist. Besonders die Kürbisse gehen in den letzten Tagen weg wie warme Semmeln. Alle Hexen kaufen Kürbisse für das bevorstehende Halloweenfest. Sie machen daraus Grusellampen und geistern mit ihnen durch das Hexendorf. Ihre Nachbarin, die Hexe Zwack , ist auch eine Gemüsehexe , aber leider ist ihr Gemüse längst nicht so knackig wie das von Hexe Zwick. Oft steht Hexe Zwack an dem Feld von Hexe Zwick und blickt neidisch auf das herrliche Gemüse. Als sie auf das Kürbisfeld schaut, traut sie ihren Augen nicht. Die Kürbisse von Hexe Zwick sind doppelt so groß wie ihre und das Feld ist übersät von den orangefarbenen, runden Dingern. Jetzt weiß sie, warum sie auf dem Markt keine Kürbisse verkauft. Alle Hexen kaufen die Kürbisse von Hexe Zwick.

Klanggeschichte:

An diesem Tag stampft Hexe Zwack im Regen brummig nach Hause. Sie ist so brummig, dass sie gar nicht wahrnimmt, dass es regnet. Der Regen macht sie pitschnass. Plötzlich hat sie eine Idee. Leise brummt sie vor sich hin: „Das Feld von Hexe Zwick ist übersät von Kürbissen. Die kann sie gar nicht alle verkaufen. Ich werde ihr dabei helfen." Nun läuft sie schneller durch den Regen nach Haus. Der Wind weht und Hexe Zwack läuft so schnell, als ob jemand hinter ihr her wäre. Schnell zieht sie sich um und wartet, bis es dunkel ist. Erst als die Sterne den Nachthimmel erleuchten, macht sie sich mit einer Schubkarre und einem Spaten auf den Weg. Hexe Zwack ist ganz allein, nur die Sterne begleiten sie. Der Wind weht jetzt etwas stärker als tagsüber, doch Hexe Zwack geht zielbewusst zum Kürbisfeld von Hexe Zwick. Als sie dort ankommt, schaut sie sich noch einmal um. Niemand ist zu sehen. Also kann sie mit der Arbeit beginnen. Vorsichtig schneidet sie nun Kürbis für Kürbis ab, geht zur Schubkarre und legt ihn hinein. Als die Karre voll ist, macht sie sich auf den Heimweg. O weh, die Schubkarre ist so schwer, dass Hexe Zwack nur noch schlurfen kann. Unterwegs macht sie immer wieder eine Pause. Doch schließlich hat sie es geschafft. Sie schiebt die Karre in ihren Holzschuppen und geht schlafen. Am nächsten Morgen sind Hexe Zwack und Hexe Zwick wie immer auf dem Markt. Sie schauen sich an und Hexe Zwick lächelt ganz freundlich. „Hat Hexe Zwick wohl etwas gemerkt?", fragt sich da Hexe Zwack. An diesem Tag kommen die Hexen in Scharen auch zu Hexe Zwack, um Kürbisse zu kaufen. Im Nu ist ihr Stand leer und Hexe Zwack geht nach Hause. Auch an dem Stand von Hexe Zwick ist wie immer viel los. Als auch sie alle Kürbisse verkauft hat, geht sie mit einem Lächeln im Gesicht nach Hause.

In der kommenden Nacht geht Hexe Zwack wieder zum Feld
von Hexe Zwick, um erneut Kürbisse zu holen. Aber was ist
das? Das Feld ist leer. Alle Kürbisse sind wie vom Erdboden
verschluckt. Wütend stapft Hexe Zwack nach Hause. Am anderen Morgen steht sie wie immer hinter ihrem Stand und
versucht, ihre kleinen, schrumpeligen Kürbisse zu verkaufen.
Doch niemand kommt zu ihr. Am Stand von Hexe Zwick ist
wie immer viel los und dieses Mal stehen viel mehr Kisten als
sonst mit den großen, orangefarbenen Dingern hinter ihrem
Stand.

1. In einem Gespräch kann das Verhalten von Hexe Zwack
thematisiert werden. Nun werden die Instrumente in die
Kreismitte gelegt und die Kinder können damit experimentieren. Sie können sie nach eigenen Vorstellungen den Din-
gen, Handlungen und Personen zuordnen und anschließend
wird die Geschichte verklanglicht.

2. Die Geschichte kann zu einer Mitmachgeschichte werden.
Dazu werden die Kinder aufgeteilt. Bei „Zwick" steht die
eine Hälfte der Kinder kurz auf und setzt sich wieder, bei
„Zwack" die andere Hälfte.

3. Ein Spaziergang zu einem Wochenmarkt, auf dem frisches
Obst und Gemüse und natürlich auch Kürbisse angeboten
werden, würde diese Geschichte abrunden.

Kreatives für das Halloweenfest

Material:

Anleitung:

Kürbislaternen ohne Kürbisse

Luftballons, weißes, dünnes Papier, Tapetenkleister, Plakafarbe in Orange, Teelichter, Teppichmesser

Den Luftballon aufblasen, fest zuknoten und ihn mit Tapetenkleister, der nach Vorschrift angerührt wurde, einstreichen. Nun den Ballon dünn mit Papier belegen. So werden mehrere Schichten Kleister und Papier aufgelegt. Der eingekleisterte Ballon wird zum Trocknen auf ein Einmachglas gestellt. Ist die Papier-Kleister-Schicht gut getrocknet, wird die gesamte Oberfläche mit oranger Plakafarbe angemalt.

Wenn die Farbe getrocknet ist, schneidet die Erzieherin eine etwa faustgroße Öffnung in die ausgehärtete Papierschicht und der Luftballon kann herausgenommen werden. Die Kinder können dann dem Kürbis ein Gesicht aufmalen. Die Erzieherin schneidet es nach Anweisung ein. Mit einem kleinen Teelicht kann diese Papier-Kürbislaterne von innen beleuchtet werden. Aber Vorsicht: Die Laterne muss groß genug und oben offen sein, damit sie nicht zu heiß wird.

Kürbistischdecke und Platzdeckchen

Material: Stoffmalfarbe in Orange und Grün, gewaschener Leinen- oder Baumwollstoff (alte Betttücher), Pinsel, Spülschwamm oder Schaumgummistücke, elektrisches Messer, Filzschreiber

Anleitung: Der Stoff wird in kleine Deckchen gerissen (eventuell umgenäht oder ausgefranst) und dann gebügelt. Nun wird auf den Spülschwamm oder ein Stück Schaumgummi mit Filzstift ein Kürbis gemalt und von der Erzieherin mit dem elektrischen Messer ausgeschnitten. Dieser Kürbis wird mit orangefarbener Stoffmalfarbe eingepinselt und nun kann damit gestempelt werden. Die Kinder verzieren mit den Kürbisstempeln gemeinsam eine große Tischdecke und ihre Platzdeckchen. Anschließend werden die grünen Stiele mit Stoffmalfarbe aufgemalt und nach dem Trocknen werden die verzierten Stoffteile von links gebügelt. Nun sind sie nach Gebrauch auch waschbar.

Natürlich können die Kinder auch frei nach Fantasie ihre Deckchen bemalen, bedrucken und gestalten.

Herbstliches Gruselmobile

Material: Tonpapier in Orange, Weiß, Rot, Braun, Grün, Schere, Bleistift, Klebstoff, ein schöner Zweig, Nähgarn, Nähnadel

Anleitung: Auf die verschiedenfarbigen Tonpapierblätter werden unterschiedliche Motive aufgemalt und anschließend ausgeschnitten: Gespenster, Kürbisse, Pilze, Blätter, Igel usw. Jede dieser Figuren bekommt ein kleines Loch, durch das ein Stück Nähgarn gezogen und festgeknotet wird. Nun wird der Zweig als abwechslungsreiches Mobile gestaltet. Das Mobile kann die Decke oder ein Fenster schmücken.

Ein Menü für die Halloweenparty

Vorspeise

Gespensterspieß

Zutaten:
Obst nach Jahreszeit, gefrorene Himbeeren, Sahne, Honig, Schaschlikspieße

Zubereitung:
Das Obst klein schneiden und auf die Spieße reihen. Himbeeren mit dem Mixer pürieren, die Sahne unterrühren und mit Honig süßen. Diese Soße über die Spieße geben.

Hauptgericht

Kartoffelpizza

Zutaten:
1 Dose Wiener Würstchen, 750 g festkochende Kartoffeln, Kräutersalz, Pfeffer, Pizzagewürz, Tomaten, 100 g geriebener Hartkäse, Öl

Zubereitung:
Kartoffeln dünn hobeln und in heißem Öl kurz anbraten, Würstchen in Scheiben schneiden und unter die Kartoffeln geben und Tomaten in Scheiben schneiden. Alles zusammen auf ein gefettetes Backblech gleichmäßig verteilen und gut würzen. Mit geriebenem Käse überstreuen und bei 220 Grad 25 Minuten backen.

Nachspeise:

Götterspeise mit Inhalt
Götterspeise nach Geschmack vorschrifts-
mäßig einen Tag vorher zubereiten. In die
Schüssel geben und etwas steif werden lassen. Dann Gummibären oder andere Gum-
misüßigkeiten vorsichtig in diese dickliche
Speise fallen lassen und nun über Nacht stehen lassen. Vanillesoße nach Vorschrift an-
rühren und über den Wackelpudding geben.

Gespenstertörtchen
1 Glas Kirschen, abgeriebene Schale einer
unbehandelten Zitrone, 125 g weiche Butter,
125 g Zucker, 1 Päckchen Vanillezucker,
2 Eier, 250 g Mehl, ½ Päckchen Backpulver,
4 EL Milch, Puderzucker, Papierförmchen
Butter mit Zucker, Vanillezucker und den
Eiern schaumig rühren. Mehl und Backpulver untermengen, mit Milch dickflüssig
machen. Zitronenschale und die abgetropf-
ten Kirschen unter den Teig heben. In Papierförmchen füllen (zwei Förmchen ineinander
stecken) und bei 175 Grad 25 bis 30 Minuten
auf mittlerer Schiene backen. Törtchen
abkühlen lassen und mit Puderzucker
bestreuen.

Für den Abschluss:
Zutaten:

Zubereitung:

Literatur

Ingrid Biermann
Geistertage
Verlag Herder, Freiburg 2000

PeP Mappe
Wir sind Kinder einer Welt
Verlag Herder, Freiburg 2001

PeP Mappe
Herbst und Halloween
Verlag Herder, Freiburg 2001

Birgit Neiser
Hexen, Monster, Kürbisgeister
moses Verlag, Kempen 1998

Alle Rechte vorbehalten – Printed in Germany
© Verlag Herder Freiburg im Breisgau 2002
www.herder.de
Illustrationen: Unen Enkh, Denzlingen
Layout: Zumstein Grafik-Design, Merzhausen
Notensatz: Nikolaus Veeser, Schallstadt
Redaktion: Martin Stiefenhofer
Herstellung: J. P. Himmer, Augsburg
ISBN 3-451-27123-0